SUPPLÉMENT

A L'OUVRAGE

INTITULÉ : *De* Buonaparte *et des* Bourbons, *par M. de* Chateaubriant.

~~~~~~~~~~~~~~~~~

A PARIS,

CHEZ LES MARCHANDS DE NOUVEAUTÉS.

1814.

SUPPLÉMENT

A L'OUVRAGE

Intitulé : *De* Buonaparte *et des* Bourbons, *par M. de Chateaubriant.*

Il est sans doute téméraire à un peintre de portraits, d'oser ajouter quelques coups de pinceaux au tableau d'un peintre d'histoire ; mais n'est-ce pas rendre hommage aux grands talens, que de céder à l'inspiration qu'ils font naître, et de glaner dans leurs champs les épis que leur opulence a dédaignés ?

Dans un moment où les événemens se pressent avec rapidité ; où la plus heureuse, comme la plus incroyable révolution s'est opérée sans convulsions, sans déchiremens intérieurs, on aime à reporter ses regards sur l'homme qui avait étendu sur les yeux des Français un voile magique qui leur dérobait ses crimes, et que la vérité, fille du temps, vient enfin d'arracher. Il est utile sans doute de dépouiller l'idole, trop long-temps encensée, des prestiges qui nous faisaient illusion, et de laisser paraître sa hideuse laideur dans toute sa nudité : pour arriver à ce but, qu'avons-nous de mieux à faire, que de raconter ses actions et d'en scruter les motifs? Une esquisse rapide sur l'origine de cet homme trop fameux, sur ses mœurs et son caractère privé, en satisfaisant l'avide curiosité, réprimera peut-être la frayeur qui lui reste encore du mannequin si long-temps redoutable; elle osera enfin s'approcher du fantôme gigantesque, objet de ses terreurs passées, et dont l'impuissance actuelle ouvre un vaste champ aux réflexions que la philosophie peut faire.

Buonaparte naquit en Corse d'une famille à qui son obscurité ne devait pas laisser prévoir qu'elle jouerait un rôle important dans les fastes du monde: la malignité a jeté sur sa naissance un préjugé équivoque que je ne chercherai point à approfondir; mais il est de notoriété publique qu'il a dû à la sollicitude généreuse du gouverneur de l'île de Corse l'éducation militaire, que la munificence de nos rois accordait à l'indigence.

Buonaparte ne connut jamais l'aimable franchise de l'enfance: sombre, dissimulé, vindicatif, il réunissait les vices communs aux tyrans les plus farouches; et par une singulière conformité de goûts avec *Domitien*, il passait, ainsi que lui, des heures entières à tuer des mouches, récréation digne de celui qui devait un jour trouver son plus doux passe-temps à faire exterminer des hommes.

La puérilité des détails disparaît devant l'intérêt qu'inspire naturellement tout homme célèbre; d'ailleurs, le caractère se peint souvent dans ces circonstances familières, où l'homme, ne croyant pas avoir besoin de masque, se laisse voir à nu : ainsi, nous ne craindrons pas d'approfondir les nuances qui doivent nous convaincre que *Buonaparte* était essentiellement né pour *détruire;* et si cette passion qui le domine n'eût pas été satisfaite par les guerres continuelles que son ambition a suscitées aux nations voisines ; s'il n'eût pas été condamné, par la force des événemens, à rester tranquille dans son empire, cette fureur de destruction aurait pesé sur les particuliers. Quelqu'un qui le connaît particulièrement assure qu'il aurait fait renaître les proscriptions de *Sylla*, de *Cromwel*, de *Robespierre*, plutôt que d'être inactif. Il porte jusque dans ses plaisirs le penchant à la férocité, qui, chez les souverains, est si dangereuse pour les peuples ; la chasse qui, pour les guerriers, est une distraction où l'amour-propre déploie toutes les ruses de l'adresse, n'était pour *Napoléon* que le bonheur de *massacrer*. On tendait des filets qui ramenaient le gibier jusqu'à une enceinte désignée, et *Buonaparte*, placé sur des gradins, tirait à bout portant les animaux que l'on avait ainsi forcés à venir chercher la mort à ses pieds.

Il manifesta constamment un caractère turbulent et despotique : ses adulateurs ont cité comme un trait de caractère l'audace avec laquelle il osa couper les cordes d'un ballon qui ne partait pas assez vîte à son gré. C'est en effet un trait de caractère; mais sous quelles couleurs doit-il nous peindre le jeune homme capable d'un tel acte d'emportement, puisque la présence de son souverain, qui assistait au départ du ballon, ne put le contenir, et qu'il lui importa peu de faire courir des dangers à ceux qui étaient chargés du soin de diriger la machine?

Admis dans le corps d'artillerie, il suivit avec ardeur l'étude des mathématiques : cette science abstraite convenait à son humeur taciturne, il y fit des progrès; mais ses talens se bornèrent à ce seul mérite; il n'en cultiva aucun de ceux qui sont agréables dans la société.

Assidu aux réunions qui se formaient dans les villes où il était en garnison, on l'a vu passer des soirées entières dans l'encoignure d'un salon sans prendre part à la conversation; tirer ses tablettes, et crayonner avec autant d'impolitesse, que de persévérance, l'individu que ses regards avaient choisi pour en faire l'objet de ses remarques.

A cette époque où, simple lieutenant d'artillerie, il n'avait pas encore rêvé l'élévation qui devait coûter tant de sang à la France, il paraissait s'adonner aux sciences occultes : différentes expériences qu'il faisait avec tout l'appareil des diseuses de bonne aventure, pourraient faire présumer qu'en tout temps il forma des vues sur le parti qu'on pouvait tirer de la crédulité publique ; il guérissait par des attouchemens et des paroles, ou plutôt il imposait à l'imagination, et opérait une révolution qui faisait disparaître la douleur.

Aussi fourbe, et plus sanguinaire que *Mahomet*, on peut s'étonner qu'il n'ait pas cherché à anéantir la religion de nos pères, pour lui en substituer une de sa création, qu'il aurait appuyée de toute la persuasion attachée à son épée ; mais peut-être ce projet n'était-il qu'ajourné dans sa tête ? Les persécutions qu'il a fait éprouver au souverain pontife pourraient le faire croire, et le dessein de se déclarer chef de la religion en France, se serait sans doute accompli au moment où l'Europe, épuisée d'hommes, n'aurait pu fournir de nouvelles victimes à son génie guerrier, et alors il n'aurait plus trouvé pour alimenter sa tyrannie, que des consciences timides à persécuter.

Dans l'âge où la galanterie française adoucit les mœurs, et donne l'urbanité aux caractères les plus farouches, *Buonaparte* échappa à cet empire que les femmes savent acquérir sur tous les êtres doués d'un peu de sensibilité. Le temps nous a démontré que cette âpre sagesse ne tenait pas à la pureté de ses mœurs . . . . . . mais plutôt à une disposition particulière de son orgueil, qui l'empêchait de rendre hommage à la beauté.

L'ingratitude est un vice qui caractérise les âmes basses; *Buonaparte* fut toujours ingrat: la femme d'un ancien limonadier lui avait rendu des services pécuniaires importans, à une époque où il était loin de prévoir qu'il tiendrait un jour dans ses mains les trésors de la fortune publique ; lorsqu'il fut proclamé premier consul, cette femme, tombée dans l'indigence, crut l'instant favorable, et rappela au *puissant* son ancienne bienfaitrice; d'abord il ne répondit point à ses requêtes; ensuite, fatigué par ses importunités, il lui fit signifier d'avoir à cesser ses poursuites, ou qu'il la ferait enfermer. La pauvre limonadière ne se fit pas répéter cet ordre, et retournant dans sa province, elle se vengea de l'ingrat *Buonaparte* en racontant le détail de toutes les obligations qu'il lui avait eues, et qu'il récompensait si mal. Différens particuliers, à qui il était également redevable, ont éprouvé le même refus; il voulait apparemment tâcher d'oublier l'époque où il avait eu besoin de tout le monde.

La conduite que cette âme sèche et égoïste

a tenue envers une institution admirée des étrangers autant que de la nation à qui elle est si utile, ajoute une nouvelle preuve au caractère insensible qu'il a toujours montré : quel établissement devait plus exciter son intérêt et sa générosité que celui qui, dirigé par un chef respectable, sert d'une manière si touchante l'humanité affligée par la plus triste des privations ? Les *sourds-muets* n'ont jamais reçu d'encouragemens de *Napoléon*, sans doute, parce qu'ils ne pouvaient pas lui fournir des soldats ; et leur directeur, honoré par les puissances étrangères, entouré de l'admiration et de la reconnaissance publique, n'a trouvé que dans les cœurs de ses élèves la récompense de son noble dévouement ; il n'a rencontré, près du prétendu protecteur de l'humanité souffrante, qu'un humiliant oubli, et des refus aux demandes qu'il a pu lui faire. Puisse cet hommage particulier, rendu au nom de l'admiration générale, dédommager le généreux instituteur de l'injustice qu'il a éprouvée !

Les preuves de mauvais caractère sont si multipliées lorsqu'on parle de *Napoléon*, qu'on n'éprouve que l'embarras de choisir les citations ; mais il en est une encore qui ne doit pas échapper aux observations du public ; c'est la conduite que tint envers M. Obercamp la forfanterie de *Buonaparte*; il crut avoir fait beaucoup pour la gloire de cet utile manufacturier, que de l'avoir décoré d'une croix d'honneur : cette action fut mise dans les gazettes, et racontée avec emphase. Que n'a-t-on raconté aussi exactement, qu'après le décret qui prohibait les marchandises anglaises, l'enlèvement des marchandises qui se trouvaient dans la manufacture de Jouy, força M. Obercamp de suspendre ses payemens : cet homme de bien, qui se conduisait en père de famille envers douze cents ouvriers que ses travaux alimentaient, fut obligé de réformer une partie de cette république active, dont il était depuis si long-temps le bienfaiteur et le père; et, à travers les larmes et les sanglots de ceux qui ne pouvaient plus trouver leur subsistance dans son appui, l'honnête négociant rédigea ses comptes, et vit le fruit de soixante années de travail prêt à s'écrouler. Par un noble motif d'orgueil il voulut renvoyer la croix d'honneur qui lui avait été donnée, et *Napoléon* osa disputer sou à sou les dédommagemens, qu'il devait à un homme dont il renversait l'immense fortune par la plus bizarre des volontés ; à un homme qui faisait subsister tout un village; à un homme, dont la bienfaisante industrie a poussé à un grand point de perfection la fabrication des toiles peintes, et les fait rivaliser avec celle d'Angleterre; à un homme enfin, dont les vertus et le grand âge sont des motifs de vénération. Mais qu'importait à *Napoléon* que douze cents ouvriers fussent réduits à la plus extrême indigence ? N'était-ce pas, au contraire, *du gibier pour la conscription ?* D'ailleurs, ce que la manufacture de Jouy a souffert, est l'histoire de cinquante mille familles ruinées par l'inconcevable décret qui a mille fois plus nui aux Français qu'aux Anglais.

Lorsque la révolution vint donner l'essor à tous les mauvais génies, celui de *Buonaparte* forma des idées confufes, que le temps et des circonstances favorables développèrent et firent réussir. A cette époque, son opinion n'était pas équivoque, et il ne se donnait pas même la peine de la dissimuler aux yeux des honnêtes gens. On le vit, au milieu d'une émeute suscitée par les soldats contre leurs colonels, boire, au milieu des rues, dans le même verre que ces soldats insubordonnés, et assister au festin bachique que ces révoltés avaient fait préparer à la suite du pillage de la caisse du régiment. Cet homme si opiniâtre dans ses résolutions, ce despote si absolu depuis, fit ployer sa fierté devant les clameurs bruyantes d'une troupe de séditieux. Prévoyoit-il alors que, par cette lâche complaisance, il donnerait la mesure de la bassesse qui pouvait faire compter sur lui dans toutes les circonstances, et qu'il échangerait un jour contre le grade de général ?...

Buonaparte fut quelque temps perdu dans la foule; son active ambition attendait pour se fixer utilement, qu'il y eût un parti dominant assez stable pour soutenir les créatures qui se dévoueraient à ses ordres. Le directoire, en concentrant davantage les pouvoirs, lui parut une garantie plus certaine que les tourbillons révolutionnaires qui l'avaient précédé, et que leur mobilité même avait détruits. L'adroit ambitieux reparut alors sur la scène, dont la prudence l'avait écarté, pendant qu'il observait dans les coulisses; il signa le pacte qui lui assurait un grand pouvoir avec le sang des Français, sur lesquels il fit tirer à mitraille le 13 *vendémiaire*, jour à jamais mémorable! où l'on vit la férocité se livrer froidement au besoin de détruire, en assassinant ainsi, sans nuls motifs plausibles, une foule de citoyens, dont la curiosité attendait avec impatience le résultat des décisions de leurs mandataires. Ce crime révolutionnaire fut payé par ceux qui l'avaient ordonné; *Buonaparte* devint général; des rapports intimes s'établirent entre les chefs et lui.

Mais un gouvernement soupçonneux finit

par redouter l'audace du général ambitieux, qui, à travers ses succès, laissait percer le projet d'anéantir le piédestal qu'il se proposait de remplacer un jour par sa statue. Il fit préparer une expédition brillante et lointaine, dont *Buonaparte* fut le chef. Les hasards d'une guerre éloignée, les dangers qui se trouvent toujours dans un climat si différent de celui qu'on habite, la perfidie des peuples qu'on voulait subjuguer, les sables brûlans qu'il fallait traverser; que de chances contre le nouveau Jason, dont on désirait plus la mort que la gloire ! L'audace et l'ambition ne calculèrent pas le danger, et *Buonaparte* partit. L'Egypte fut témoin et victime des exploits de l'entreprenant *argonaute*. Une immensité de Français périrent dans les sables, délaissés par leur chef; et ceux qui revinrent en France, livrés dans la fleur de l'âge à une désolante cécité, racontent encore tristement les exploits sans but, les combats sans motifs, où l'infatigable aventurier immola tant de victimes. Il revint isolément en France, joindre à la réputation d'habile guerrier le pouvoir sans bornes qu'il se proposait d'envahir; mais une particularité qui a échappé à la plume de l'éloquent historien dont je suis les traces, c'est qu'en Egypte, comme dans tous les pays qu'il a dévastés, *Napoléon* a laissé des souvenirs sans nombre de la duplicité de son caractère : eh quelle preuve en effet plus manifeste de sa fourberie, que la proposition qu'il fit à ses officiers d'embrasser le mahométisme, afin d'avoir le droit de pénétrer dans les assemblées du peuple qu'il prétendait soumettre? Pour l'honneur du nom français, la proposition demeura sans réponse, et le perfide Corse aurait été lui-même réduit à arborer le turban, si l'Amour, ce tyran impérieux, n'eût fasciné les yeux d'un chef, au point de le rendre renégat; un général de division, éperdûment amoureux de la fille d'un baigneur, consentit à servir les vues du général en chef, et se soumit à l'humiliante opération qui devait lui donner le droit d'épouser une femme, dont il n'était que l'esclave soumis. Des récompenses pécuniaires et de l'avancement furent le prix de cette déshonorante lâcheté; le mépris, qui en fut la suite, abrégea peut-être les jours de celui qui s'y était livré; et si, dans ce moment, on ose remuer sa cendre condamnée à l'oubli, c'est pour compléter la preuve que les mauvaises actions sont toujours dévoilées, et que le jugement anticipé de la postérité doit faire trembler ceux qui n'ont pas craint de la braver.

Confiant à une frele barque des destinées que la Providence voulait prolonger pour la punition du genre humain, *Buonaparte* abandonna son armée d'Egypte, sans s'inquiéter des dangers et du dénuement où il la laissait, et sans lui assurer des ressources pour l'avenir; la mer seconde ses hardis projets, et il arrive en France, sans qu'une vague propice eût porté atteinte à un esquif qui nous apportait l'instrument de la vengeance céleste. Tout le monde connaît les suites de son arrivée à Paris, le renversement du directoire, et l'essor qu'il donna librement à son insatiable ambition; mais ce que beaucoup de personnes ignorent peut-être, c'est la perplexité à laquelle il se livra, lorsque, dans le premier moment, il éprouva de l'opposition à sa volonté; il se crut perdu alors; et n'opposant ni énergie ni prévoyance aux événemens, on le vit assis sur les marches du vestibule, se déchirer machinalement le visage avec ses ongles, et absorbé par de sombres et inquiétantes réflexions; il ne fut tiré de cet état de stupeur que par l'activité de son frère Lucien, qui lui représenta que les momens étaient précieux, et qu'en en perdant un seul, c'était se décider à renoncer à tous les avantages qu'il s'était proposés, et qu'il valait mieux seconder plus utilement ses partisans, qui s'exposaient en sa faveur; alors il monta à cheval, harangua les grenadiers, électrisa leur dévouement, et ce moment décida du sort de la France.

Lorsque, voulant obtenir le pouvoir héréditaire pour sa famille, il tâcha de persuader à l'Europe étonnée qu'il tenait la couronne de la volonté des Français, quels furent les suffrages qu'il rechercha? Des registres furent ouverts dans les comités de bienfaisance; et, lorsque la classe indigente allait chercher les secours de la pitié, on faisait signer individuellement des gens qui savaient à peine assembler les lettres de leur nom. Une femme ayant témoigné quelques craintes de donner ainsi sa signature sans en connaître le motif, on lui expliqua que, pour le bonheur de la France, il lui fallait un chef, et qu'elle allait travailler à faire un empereur.

Lorsque *Buonaparte* eut saisi d'une main audacieuse les rênes du gouvernement, on crut trop facilement qu'il allait rétablir l'ordre, et rendre le bonheur à la France désolée par l'anarchie; mais il est une vérité immuable, que la morale nous apprend et que la Providence démontre par le cours des événemens: c'est que, toutes les fois qu'on viole les lois de la justice, la culpabilité entraîne le châtiment; et si un succès éphémère aveugle pendant un temps les infracteurs de ces lois, la Divinité renverse de son souffle puissant leurs projets, et détruit dans un instant l'édifice de toutes leurs combinaisons. Nous avions un monarque légitime;

légitime ; et, loin d'appeler un étranger, c'était à lui qu'il fallait recourir pour fermer les blessures que d'épouvantables secousses politiques avaient faites à la prospérité nationale. Loin de là, un intrigant ambitieux se présente; ses droits étaient nuls, ses vertus ignorées, ses intentions douteuses, et cependant nous courbons servilement la tête sous le joug de fer qu'il nous présente! Il n'était pas même entouré du prestige de la considération, cet obscur aventurier dont l'audace osa s'emparer du trône sacré de nos rois. Pour toute renommée, il n'avait que des exploits guerriers, si l'on peut appeler ainsi les actes d'une témérité peu commune; et si la valeur française servit cette témérité, et la couronna par des succès, combien de sang a coulé pour inscrire dans les fastes de la Renommée chaque victoire achetée par le sacrifice inutile d'une foule de victimes! Car enfin nous devons le dire, tout l'oripeau qui couvrait la réputation de *Buonaparte* disparaît, lorsqu'on veut prendre la peine d'approfondir les événemens qui ont bâti cet échafaudage; si quelquefois il s'est précipité au milieu du danger, c'est qu'imbu de l'erreur du *fatalisme*, il comptait aveuglément sur la protection du hasard, et si on lui ôte le mérite d'une prodigieuse activité qui savait braver les obstacles, que lui reste-t-il? Toutes les fois qu'il a été sûr du dévouement de ceux qui

B

servaient sous ses ordres, il a mieux aimé les sacrifier que de s'exposer personnellement; on connaît l'opiniâtreté avec laquelle il dévoua à la mort le général Lasnes qu'il disait chérir, malgré les représentations qu'on lui fit sur l'impossibilité d'exécuter ses ordres, sans sacrifier une multitude de soldats. Sourd à la voix de l'humanité, insensible aux représentations de ses généraux, qui se connaissaient aussi bien que lui en bravoure, et beaucoup mieux en prudence, *je le veux* fut la seule réponse qu'il fit aux observations les plus sages, et cette volonté despotique, accomplie par la subordination militaire, fut le signal de la mort d'une victime de l'obéissance, et de celle de dix mille soldats! La fureur de faire parler de lui a été le mobile de toutes les actions de *Buonaparte*, même de celles pour lesquelles un peuple bon et généreux a cru lui devoir de la reconnaissance; car le Louvre, ces embellissemens publics, les routes nombreuses créées en si peu de temps, sont moins des monumens qui prouvent son désir de faire le bien, qu'une preuve irrévocable qu'il attachait une grande importance à faire exécuter promptement sa volonté; car, s'il avait voulu réellement le bonheur des Français, l'ordre et l'économie auraient présidé à ces constructions gigantesques et multipliées; les pierres qu'il a entassées avec tant de profusion, n'auraient pas été cimentées avec les sueurs du malheureux, à qui des impositions énormes ôtaient la possibilité de trouver dans son travail son existence et celle de sa famille. Plus de lenteur dans les opérations de cette nature, les eût rendues moins à charge au peuple. Eh qu'importait à la gloire du nom français que *Napoléon* eût mis dix ans à construire des fontaines et des marchés, si ces constructions avaient été le fruit d'une bienfaisante économie, et non le résultat d'un vain orgueil? D'ailleurs, il est facile de deviner les motifs qui l'engageaient à employer constamment la classe dangereuse du peuple; il ne pensait pas à protéger les arts; mais il craignait les *ouvriers*. Aussi a-t-on vu une quantité d'artistes privés d'occupation, réduits à conduire la brouette auprès du canal de l'Ourcq, ou porter le mortier aux maçons du Louvre; l'indifférence avec laquelle on a fermé les yeux sur leur misère ne prouve-t-elle pas que *Napoléon* pensait beaucoup moins à protéger les artistes, qu'à museler les artisans?

On a voulu contrebalancer ce que l'épouvantable loi de la conscription avait d'odieux, en vantant les avantages que la classe indigente trouvait à *se vendre* en remplacement; que ne nous vante-t-on aussi les bienfaits que la traite des nègres répand dans les brûlantes contrées de la Côte-d'Or? *Se vendre!* Est-ce donc là une possibilité heureuse pour des Français? ou plutôt n'est-ce pas une preuve complète du degré d'esclavage auquel le tyran nous avait réduits?

Si les actions publiques de *Buonaparte* donnent une idée si désavantageuse de son caractère, ses actions privées ne changeront pas la direction de notre opinion; et si en révéler les détails ne pouvait affliger les individus outragés par ses emportemens, on soulèverait le voile qui couvre ses turpitudes; mais, abandonnant au pinceau de l'histoire le soin de révéler des particularités que le temps aura rendues moins amères pour les acteurs du drame, la discrétion impose le silence à notre plume trop timide pour oser se charger du soin de venger les mœurs blessées, et les lois saintes de la nature sacrifiées sur l'autel d'une volonté qui ne connut jamais de frein. Il nous suffira de dire que, brutal dans ses manières, *Napoléon* ne connut jamais les égards qui savent adoucir les épines de la dépendance, et, jusque dans ses plaisirs, il porta ce cynisme qui humilie les autres, et cette dureté qui prouve l'égoïsme.

Jamais le cœur de *Napoléon* ne fut accessible à des sentimens vraiment généreux : il faisait tout par esprit de calcul, et, jusqu'à ces établissemens pompeux, créés avec tant d'ostentation en faveur des enfans que le fléau de la guerre avait rendus orphelins, accusent son cœur et sa vanité. Comment pourrait-on vanter sa bienfaisante bonté et sa prévoyance tutélaire pour ces infortunés privés de leurs parens, puisqu'il taxait leurs familles à donner des pensions aussi fortes que dans les maisons d'éducation des particuliers ? Et cependant la munificence impériale se pavanait avec les sommes qu'elle faisait donner aux parens en état de payer ? Mauvais imitateur d'un de nos plus grands rois, était-ce ainsi que la magnificence de Louis XIV établit la communauté de Saint-Cyr ? Sous les auspices de ce monarque, cet asile respectable fut celui de la piété, des mœurs et de l'abondance; la bienfaisance du souverain ne s'étaya point des contributions des particuliers ; la noblesse pauvre était élevée aux frais du fondateur, et il n'était pas entré dans la pensée de ce généreux prince de s'ériger en maître de pension, et de rançonner ses pensionnaires aisés, afin d'acquérir le titre de *bienfaiteur* des pauvres; et peut-on appeler *bienfaiteur* celui qui sacrifiait froidement à son ambition les pères de ces intéressantes orphelines, qui, livrées dès leur plus tendre enfance à l'isolement, ont à peine éprouvé la douceur de recevoir les caresses paternelles ? Est-ce donc un peu d'or qui peut dédommager de la privation des plus doux sentimens de la nature ?

Nous avons dit que l'élément particulier qui composait l'âme de *Buonaparte* était le besoin de détruire : il n'est que trop facile de justifier cette assertion ; car a-t-on jamais rien vu de plus monstrueux que cette conception bizarre qui enfanta le décret de prohibition contre les marchandises anglaises, et qui ordonnait de *brûler* celles qui seraient saisies ? et n'était-ce pas *détruire* pour le seul plaisir de détruire ? Car, en supposant que son système continental fût nuisible aux Anglais, fallait-il encore le rendre préjudiciable aux Français ? Ne pouvait-on pas vendre au profit des hôpitaux ou des pauvres cette contrebande saisie avec tant d'appareil ? Mais une particularité odieuse, c'est l'impudeur avec laquelle ce régulateur de l'Europe faisait lui-même un commerce qu'il punissait si sévèrement dans ses sujets ; lorsqu'en dépit des bienfaits de la Providence, et de l'abondante récolte qu'elle nous avait accordée, nous manquâmes d'avoir la famine il y a deux ans ; lorsqu'à Paris le pain se vendait 20 sous les quatre livres, et que, dans les provinces, la farine était aussi rare que chère ; on gémissait des effets sans remonter à la cause, et cependant c'était *Buonaparte* qui, ayant fait accaparer, pour son propre compte, tous les grains qu'on pouvait enlever, les échangeait contre les guinées de l'Angleterre ou des denrées coloniales qu'il faisait ensuite vendre à un taux excessif; mais le comble de l'horreur, c'est d'avoir fait fusiller à Caen différentes victimes, dont le seul crime était de demander du pain : dans le nombre il y eut une femme qui allaitait un enfant de six mois !..... Si ce monopole l'eût empêché d'augmenter les impôts, la disette qu'il occasiona eût peut-être trouvé une excuse; mais affamer le peuple, et le pressurer ensuite d'une manière si effrayante, qu'il est démontré que les impôts actuels sont le quintuple de ce qu'on payait sous l'ancien gouvernement, n'est-ce pas pousser l'oppression à un point excessif, et doit-on s'étonner que la corde de l'arc se soit brisée pour avoir été trop tendue ?

En général, les ambitieux ont quelques grandes qualités qui balancent leurs vices; mais ici, en disséquant de bonne foi le caractère de *Napoléon*, nous ne verrons que des vices sans vertus; il n'a pas même l'orgueil qui mêle un certain caractère de noblesse aux actions qu'il suggère, et qui par-là fait illusion. *Buonaparte* n'a qu'une vanité puérile qui annonce des idées fausses et rétrécies : humilier les autres, sans même avoir le talent de se faire valoir, telle est son habitude; et lorsqu'il a osé dire aux Français qu'*ils étaient dignes de lui*, n'est-ce pas le comble de l'impudence ? Une nation généreuse digne d'être gouvernée par un aventurier!......

Le procès mémorable intenté à *Moreau*, prouve encore que, jaloux des grands talens, le mérite excitait sa haine ; il n'ignorait pas que le pouvoir suprême avait été offert à ce général ; mais que, trop généreux pour se charger d'un fardeau illégitime, il avait constamment refusé un trône qui l'aurait rendu *sujet coupable*. Et en effet, lorsqu'employant les fleurs de la rhétorique, on a embelli l'éloge de *Buonaparte* de tout ce que le sophisme a de plus spécieux, on a dit qu'*il n'avait détrôné que l'anarchie*, n'était-ce pas établir un paradoxe ? Car celui qui connaît le propriétaire d'une propriété volée, ne participe-t-il pas au crime s'il s'en empare ? *Moreau* fut plus sage, et connut mieux ses devoirs ; à de grands talens militaires, il joignait la franchise qui caractérise les habitans de la province qui l'avait vu naître, et des vertus privées que ses ennemis même ne pouvaient lui contester ; adoré de ses soldats, non parce qu'il leur répandait de folles largesses, mais parce qu'il était avare de leur sang, et qu'il savait s'en faire estimer, le parallèle était trop défavorable à *Napoléon*, pour que sa sombre jalousie ne cherchât pas à éloigner un homme qu'il ne pouvait craindre comme rival, mais dont toutes les grandes qualités faisaient sa critique.

Buonaparte a poussé si loin cette vanité que nous lui reprochons, que, sans respect pour le dévouement du pieux Louis XIII, qui avait mis son royaume et ses sujets sous la protention de la sainte Vierge, loin de conserver cette pieuse cérémonie qui avait lieu tous les ans au 15 août, jour de l'Assomption, il y substitua sa fête, et les gens du peuple disaient, dans leur langage grossier, mais énergique, *que saint Napoléon avait déniché la sainte Vierge.*

On a reproché à plusieurs familles nobles d'avoir sollicité des emplois à la cour de *Buonaparte*; mais on ignore peut-être que son système d'humiliation pesait particulièrement sur l'ancienne noblesse, qu'il aurait voulu néantir petit à petit, soit en lui faisant contracter des alliances qui devaient altérer la pureté de son origine, soit en la foçant de ployer sous la dépendance qu'il exerçait si despotiquement. Aussi, lorsqu'il savait qu'on s'était expliqué un peu librement sur son compte, il signifiait qu'il fallait accepter telle ou telle place, alors un refus aurait inévitablement compromis la sûreté personnelle; et le courage ne va pas toujours jusqu'à braver le ressentiment d'un despote. Une preuve que *Napoléon* étendait sur les anciennes familles ses projets destructeurs, c'est que, lorsqu'il forma dernièrement ses *gardes d'honneur*, une dame riche et noble, n'ayant qu'un fils, proposa à celui qui était chargé de cette formation, dix cavaliers tout équipés, on la refusa; elle offrit ensuite soixante mille francs, et on lui répondit : *Ce ne sont des hommes ni de l'argent qu'il nous faut, mais votre fils que nous aurons.* Hélas ! *Napoléon* n'a que trop bien accompli cette partie de ses desseins ! L'explosion du pont de Leipsick, les combats multipliés qu'il a livrés, et où il n'a conservé son existence qu'aux dépens de la vie des braves qui l'entouraient, que de circonstances dues à son infernal génie ! et où la mort a moissonné cette brillante jeunesse, espoir de la génération actuelle ! Que de deuil ! que de larmes ont été les fruits amers de la plus extravagante obstination ! Et dans ce moment même, où toutes les fumées de ses folles illusions auraient dû disparaître devant la vengeance ou plutôt la justice ; à présent, où ses projets sont détruits sans retour, où l'exécration publique le charge de malédictions, l'insensé, n'a-t-il pas osé proposer aux monarques généreux qui sont venus briser nos chaînes, de les river de nouveau? Et, profitant de l'élan généreux dont ses guerriers furent les victimes, il était prêt de tarir, jusqu'à la dernière goutte, le sang magnanime des Français. Ah ! s'il n'eût voulu que vivre dans la postérité, il pouvait par un acte courageux balancer l'opinion publique qui rend un compte sévère des erreurs que nous avons payées long-temps si cher ! En cessant de régner, il devait cesser de vivre, et sa mort aurait effacé une partie des torts de sa vie, on l'aurait plaint, peut-être admiré..... Mais, le lâche ! aussi pusillanime que *Néron*, il n'a pas eu le courage d'implorer un affranchi !... et, jetant le masque qui couvrait son avidité, il profite de l'or que la générosité de ses vainqueurs lui a offert, pour le déterminer à ne pas sacrifier inutilement les guerriers dont la valeur s'était vouée à le défendre.

Buonaparte n'a pas eu, aux yeux de la multitude, le mérite de passer pour véritablement brave ; et cela est si vrai, que le peuple met généralement sur le compte d'un pouvoir infernal son étonnante invulnérabilité.

Et voilà l'idole que nous avons encensée ? A son retour d'Egypte, l'état malheureux dans lequel nous étions, pouvait justifier l'enthousiasme qu'on éprouve toujours lorsqu'on croit rencontrer un libérateur ; mais une triste expérience a dû nous dessiller les yeux ; et combien a été coupable celui qui, accueilli avec transport par des captifs échappés à leurs fers, n'a eu l'air de briser leurs chaînes que pour les remplacer par de plus pesantes? Pour peu que la nature lui eût accordé de vertus, combien il lui aurait été facile de prolonger cette espèce de culte que nous lui avons rendu! Mais il est jugé, irrévocablement jugé; et si, trop faible pour échapper seuls à l'esclavage odieux dans lequel il nous retenait, nous avons eu besoin du secours des nations étrangères pour nous en affranchir, que d'actions de graces ne devons-nous pas à ces souverains magnanimes, qui nous continuent leurs secours efficaces pour assurer le retour de nos princes légitimes! C'est alors seulement que nous pourrons jouir de la douceur d'un gouvernement paternel, qui augmentera les regrets que nous avons déjà de n'y avoir pas eu recours plutôt; et, livrant *Buonaparte* à l'obscurité dont la Providence ne l'avait tiré que pour nous punir, qu'il aille rêver dans l'île d'Elbe la monarchie universelle, ou l'explosion du magasin à poudre de Grenelle; nous tâcherons d'oublier ses attentats, lorsque la main bienfaisante des descendans du bon Henri viendra sécher les larmes que l'usurpateur a fait couler.

Après avoir parcouru rapidement une longue série d'erreurs ou de crimes, qu'il est consolant de pouvoir reposer ses regards sur un avenir moins malheureux ! Et pourrions-nous douter que cette espérance ne se réalise bientôt, puisque le vœu général appelle dans nos murs les Princes qui désormais doivent reprendre près de nous les nobles fonctions de consolateurs? Que de plaies ils auront à cicatriser! Mais la Paix, cette fille du ciel, va venir couronner tous nos vœux; bientôt les tendres mères n'auront plus rien à craindre pour les faibles rejetons qui leur restent encore, et pour lesquels leur sollicitude voyait arriver avec effroi l'âge de la force et du développement des facultés morales; bientôt un calme heureux succédera aux orages qui nous engloutissent depuis si long-temps. C'est à l'ombre tutélaire des lys que croîtra une génération nouvelle, pour qui la religion, la morale et le devoir ne seront plus de vains noms; l'instruction, la culture des sciences et des beaux-arts succéderont à l'ignorance forcée où restaient plongés des enfans dont l'unique mérite était borné à bien faire l'exercice. Une aurore nouvelle se prépare; tous les cœurs volent au-devant de cette jeune princesse si infortunée, dont le printemps s'est passé dans les larmes, et dont les grandes qualités ont été, pour ainsi dire, trempées au creuset de l'adversité. Quel est le cœur français qui ne tressaille pas de plaisir, en pensant au retour d'une famille illustre, éprouvée par le malheur ? Quel est celui d'entre nous qui pourrait refuser son suffrage à cette demande pressante que le peuple fait chaque jour ? *Rendez-nous notre Roi,* dit-il ; *que les Bourbons reviennent !* Oui, sans doute, il reviendront parmi nous ; et si de mélancoliques souvenirs accompagnent leurs premiers pas, les acclamations d'un peuple encore plus malheureux qu'il n'a été égaré, feront retentir dans le cœur de nos généreux Princes le signal de la confiance et du bonheur. Louis XVIII, en arrivant sur cette terre natale, se souviendra qu'il est le père de la grande famille, et il oubliera les torts de ses enfans. Cet amour, jadis national, porté jusqu'à l'enthousiasme pour nos rois, ne changera plus de direction ; nous oublierons qu'un étranger a pu l'envahir quelques années ; et, rendant à César ce qui appartient à César, nous rapporterons à notre Roi ce dévouement, cette fidélité sans bornes qui le dédommageront des années qu'il a passées loin de sa patrie ; et, si jamais des esprits turbulens voulaient encore jeter parmi nous les brandons de la discorde, n'aurons-nous pas à opposer à leurs fallacieux raisonnemens les lumières acquises par une trop funeste expérience ? Examinons de bonne foi les maux qui nous ont accablés depuis l'instant fatal où, jetés hors de la bonne route, nous n'avons parcouru que les sentiers tortueux qui nous ont égarés dans un vaste labyrinthe? Sous nos rois, avons-nous jamais connu l'épouvantable conscription? La milice pesait seulement sur la population des Français; et cette milice se levait dans les temps les plus calamiteux, seulement dans la proportion d'un homme sur cent cinquante. Quel impôt atteignit jamais l'énorme produit du timbre? Quel administration lésa jamais les droits des citoyens plus que l'administration des droits réunis? Dans quel temps l'agriculture fut-elle forcément plus négligée? Et les propriétaires, accablés d'impôts, ne retirant aucun produit d'une terre abandonnée par les cultivateurs forcés de porter un fusil, au lieu de guider une charrue, pourront-ils ne pas applaudir avec transport au bienfait de la Providence qui remet chaque chose à sa place? N'avons-nous pas vu dernièrement encore donner les plus grands éloges à l'invention d'une machine qui plaçait la culture des terres entre les mains des femmes ? Comme si la nature, agissant en sens contraire de ses lois, n'avait produit des hommes que pour les occuper à s'entre-détruire!

Dans quel siècle la morale a-t-elle eu moins de droits? le pouvoir paternel a-t-il été plus nul? les liens sociaux ont-ils été plus relâchés? Ah! sans doute cette funeste influence dépendait du chef, qui se jouait de toute morale, de toute religion! Comparons les actions, suite nécessaire de cet esprit despotique, avec la généreuse abnégation du vertueux Louis XVI! L'un, répand en masse le sang de ses sujets, les livre sans pitié à l'intempérie des saisons et à la rigueur d'un climat où ils trouvent presque tous leur tombeau; il les arrache sans remords à leurs dieux pénates, les forcent de renoncer à toutes les jouissances de la vie, à tous les liens du cœur, et les fait périr dans une terre étrangère, sans consolation, sans secours! et pourquoi? Pour soutenir ses prétentions à la monarchie universelle; pour braver les nations jusque sur leur territoire; pour dévaster enfin, et faire retentir le monde du bruit de ses exploits. Louis XVI, au contraire, voit son trône ébranlé par d'audacieuses innovations; sa vie est menacée par des factieux coupables, et il aime mieux livrer sa tête innocente à des mains sacrilèges, que de laisser défendre ses droits en faisant couler le sang français. Ses ordres n'eurent jamais qu'un but, celui d'épargner ses sujets; et, lorsque sa trop grande bonté enchaîna la valeur de ceux qui voulaient périr pour le défendre, cet infortuné Prince aima

mieux

mieux périr que de laisser immoler des Français : *Ils sont tous mes enfans, disait-il.* Ah ! son ombre auguste plane sans doute dans ce moment sur la France désolée ; c'est elle qui nous obtient de la miséricorde divine un terme à nos malheurs, et le retour de nos Princes ! c'est elle enfin qui accueille les larmes du repentir, et veille à nos destinées futures ! Ombre chère et sanglante ! reçois le serment que tous les bons Français font à ta mémoire, d'être fidèles à ton auguste successeur ! Purifie, par tes regards, ce trône souillé par un usurpateur que nous méprisons ! O bon Louis XVI ! du séjour bienheureux où tu habites, sans doute, tu formes des vœux accueillis par l'Eternel en faveur de tes sujets ! hâte l'instant qui doit nous délivrer de l'oppresseur, et favorise la prompte arrivée du Prince qui doit assurer le repos et le bonheur de ton peuple !

Plus les torts que l'on a eus sont grands, et plus il est généreux d'en convenir ; puisque c'est la preuve la plus sûre qu'on veut les réparer : nous devons donc forcer notre orgueil à se soumettre, et faire l'aveu d'une triste vérité : c'est que peu de nations ont été entraînées dans d'aussi grands écarts que la nôtre, tant l'esprit de vertige s'était emparé de toutes les têtes, et avait paralysé toutes les raisons. L'expérience fatale où nous a conduits notre folie, doit nous

C

servir de fanal pour l'avenir, et peut-être avons-nous prouvé que nous avions profité des leçons du malheur, par la tranquillité avec laquelle s'est opérée la déchéance de *Napoléon;* car malgré que toutes les opinions fussent d'accord pour convenir des maux qu'il avait faits à la France, on ne peut disconvenir qu'il n'ait encore des partisans; non que ses qualités personnelles aient pu lui en faire, puisque dans son intérieur il est brutal, emporté, cruel; mais parce que l'intérêt personnel est souvent le régulateur de nos opinions, et que l'intérêt personnel doit lui attacher les individus qu'il a enrichis du produit de ses rapines, ou décorés des hochets de la vanité, qu'il distribuait avec tant de profusion. Mais si la crainte de perdre des trésors et des *hochets* a pu retenir, dans son parti, quelques intéressés, la déclaration de nos Princes ne doit-elle pas achever l'ouvrage que l'amour de la patrie et le raisonnement devaient produire? Quel prix doit-on attacher à une fortune conservée légitimement? car la parole des Bourbons n'est pas comme celle de *Buonaparte:* ce qu'ils ont promis ils le tiendront; et n'y a-t-il pas dans leur conduite une grande preuve de générosité, lorsqu'ils promettent de maintenir ce que *Napoléon* a accordé? Ils ne viennent point en conquérans envahir l'autorité, ou s'entourer des dépouilles de ceux qu'ils auraient peut-être le droit de regarder comme leurs ennemis ; aucunes menaces ne règnent dans leurs déclarations : ce sont des pères bannis par des enfans ingrats, qui tendent les bras à ces mêmes enfans, et évitent de leur rappeler leurs erreurs : tant de délicatesse ne restera pas sans effet ; qu'ils s'en rapportent à nos cœurs, plus fidèles que leur mémoire, pour nous faire abjurer tout ce qui doit exciter nos remords ? Français régénérés, c'est dans la douceur du gouvernement de notre souverain légitime que nous puiserons de nouveaux motifs pour garder inviolablement la fidélité que nous lui jurons : rien désormais ne pourra briser les liens qui uniront le sujet au monarque, et le monarque aux sujets. C'est à l'ombre du trône que nous allons retrouver véritablement, et nos institutions, et notre amour pour les arts, et cet esprit de loyauté qui nous assurait jadis la primauté parmi toutes les nations ; nous n'aurons plus besoin, pour étayer notre gloire, de recourir à des dénominations nouvelles : nous ne serons plus la *grande nation*, et nous n'aurons plus *d'empereur*, mais nous redeviendrons *Français*, et nous retrouverons nos *rois*. Cet échange ne nous laissesa rien à regretter.

Plus la réflexion s'arrête sur les événemens heureux qui nous rendent à la paix, et plus il est facile d'admirer comment la Providence se joue des desseins et des combinaisons des hommes : un aventurier ose, à lui seul, braver toutes les nations ; il les provoque, il tente de les asservir ; de nombreux succès exaltent sa vanité, il se croit appelé à bouleverser la surface du globe et à conquérir le monde entier ; il n'apercevait pas, l'insensé ! qu'il n'était que la verge vengeresse que Dieu promenait avec sévérité sur des enfans coupables ; et poussant le délire jusqu'à braver Dieu même dans la personne du vénérable pontife, qui le représente aux yeux du monde chrétien, ce chêne superbe se métamorphose en frêle roseau, et se trouve brisé au milieu de ses projets gigantesques ? Puisse son exemple n'être pas perdu pour les générations futures ! Puisse le pacte qui va se conclure entre des nations désunies depuis si longtemps, être un monument de paix aussi durable que la gloire des souverains qui se sont occupés d'un si noble ouvrage ! Désormais tous les peuples de l'Europe ne feront qu'une grande famille unie par des besoins réciproques, et par le souvenir des blessures profondes que la guerre a faites au genre humain. Désormais nous ne verrons dans les Anglais qu'un peuple généreux qui nous a conservé nos Princes en leur offrant un constant asile. Plus de rivalité nationale, plus de ces préjugés injustes qui tendent à affaiblir les relations qui font le bonheur des peuples. Souverains du Nord, nous ne saurions trop vous offrir le juste tribut de notre admiration et de notre reconnaissance; puisque c'est vous qui nous rendez, et nos rois légitimes, et la paix et le bonheur. Jouissez de votre triomphe, recevez avec attendrissement les acclamations de ce peuple immense, tout étonné encore de se voir délivré des chaînes de l'oppression : ces acclamations ne sont ni commandées par le pouvoir, ni soudoyées par l'intérêt, mais elles partent des cœurs, et les bouches qui les prononcent, obéissent à l'impulsion d'une juste reconnaissance. Puissiez-vous être encore parmi nous lorsque Louis XVIII viendra jouir de vos bienfaits : c'est alors que l'ivresse de la joie ne saura contenir ses transports ; c'est alors qu'indécis sur les objets qui doivent recevoir leurs premiers hommages, nous vous unirons tous dans les vœux que nous formerons ; c'est alors seulement que vous connaîtrez peut-être, que vous pourrez vraiment connaître les Français ; leurs sentimens si long-temps comprimés par la crainte, ont besoin d'être dilatés par la présence de leur Roi. O moment fortuné, qui s'avance avec moins de rapidité que notre amour le désire ! viens enfin nous dédommager de nos pertes et de nos malheurs ; que la mère affligée oublie, en voyant son Roi ; que les enfans qu'elle pleure ont été arrachés de ses bras par la tyrannie, et que ses regards se portent avec complaisance sur le fils qui lui reste, et qui ne lui sera plus enlevé ! Que l'utile agriculteur n'abandonne plus sa charrue pour saisir l'arme meurtrière inutile à sa défense, et qui ne saurait le préserver de la mort ; mais qu'il déchire avec gaieté les flancs nourriciers de la terre, qui le dédommagera, par une abondante récolte, des sueurs et des travaux dont le but ne sera plus trompé. Et vous, jeunes artistes ! suivez l'inspiration du génie ; peignez sur la toile ou sachez animer le marbre, pour nous retracer l'instant mémorable qui vous arracha à la glèbe de la servitude ; favoris de Pplymnie, saisissez la lyre pour chanter notre délivrance et le retour des Princes que nous chérissons ; peignez-nous en traits de flamme, et les douces vertus de madame la duchesse d'Angoulème, qui si souvent adoucit les infortunes des prisonniers français, et la constance héroïque de cet illustre Prince de Condé dont la grande ame soutint, avec tant de fermeté, les revers, les combats, les privations et l'exil. Enfans chéris de Calliope, racontez-nous la résignation touchante avec laquelle le successeur du Béarnais a supporté nos injustices, et dont la piété forma toujours pour nous des vœux qui viennent enfin d'être exaucés ! Ah ! pour peindre les momens touchans où Monsieur, cédant à la douce émotion que faisaient naître dans son cœur les témoignages d'amour de ces heureux Francs-Comtois qui l'ont vu les premiers, il n'y aura pas besoin de tremper vos pinceaux dans les couleurs de l'adulation et de la flatterie ; racontez seulement, et vos récits seront l'histoire fidèle de ce qui se passe dans le cœur de tous les bons Français.

Et vous, jeunes vierges condamnées au célibat par la destruction de ceux à qui vos destinées devaient être unies, que le tableau du bonheur général sèche les larmes que vous arrache le regret, et diminue l'amertume de vos soupirs ; un heureux hyménée, il est vrai, ne viendra pas semer de roses l'existence que vous commencez à peine à parcourir ; mais si la raison vous impose un si douloureux sacrifice, pensez que vous êtes les dernières victimes, et soyez assez généreuses pour trouver des motifs de consolation dans le bonheur d'une génération future. Et vous, vieillards vénérables, qui pouviez craindre avec raison que vos derniers jours s'écoulassent sans consolation, sans appui, et que vos derniers soupirs ne fussent pas recueillis par la piété filiale, rassurez-vous, voici votre Roi ; la sollicitude paternelle protégera toutes les familles, tous les âges, toutes les classes. Ne craignez pas, ouvriers laborieux, de manquer de travail ; les descendans de Henri IV, fidèles aux principes de leur aïeul parviendront un jour à réaliser le vœu de son cœur, en vous procurant l'aisance si nécessaire au bonheur.

Et toi, hideuse impiété, rentre dans l'abîme obscur dont tu n'étais sortie que pour être le fléau de la société; remporte avec toi et tes faux principes, et les crimes que tu cherches à produire, et cette orgueilleuse présomption qui nous a égarés tant de fois; tu seras combattue par un Roi, soutien de la religion de nos pères: ton empire est détruit, et tes sectateurs te désavoueront, honteux d'avoir suivi tes étendards!

Jours de bonheur, qui allez succéder aux tempêtes affreuses qui menaçaient de nous anéantir, prolongez-vous en faveur de ceux qui vous ont fait renaître! Parques, retenez vos ciseaux, lorsque l'impitoyable Temps voudra leur faire trancher le fil des destinées de nos libérateurs! Hélas! pourquoi ne sont-ils pas immortels? les générations futures partageraient l'admiration de la génération présente. Mais, que dis-je? n'ont-ils pas, pour les conduire à l'immortalité, leurs vertus, les prodiges qu'ils ont opérés et notre reconnaissance? Que de titres pour survivre au temps, et que de gloire marquera leur place dans le livre où la postérité ne lira jamais leurs noms sans attendrissement!

FIN.

www.ingramcontent.com/pod-product-compliance
Lightning Source LLC
Chambersburg PA
CBHW060507050426
42451CB00009B/863